महाभारत
की कहानियाँ

निर्वासिन

सुभद्रा सेन गुप्ता

Om KIDZ
An imprint of Om Books International

जब पाँचों पांडव वनवास जाने के लिए हस्तिनापुर के मार्गों से निकल रहे थे, तब राज्य के लोग उन्हें विदाई देने के लिए उनके साथ-साथ चल रहे थे। बहुत सारे लोग निराश थे और कई लोग उदास थे क्योंकि वे युधिष्ठिर को अपना राजा बनाना चाहते थे।

उन्हें पीछे छोड़ते हुए पांडव एवं द्रौपदी वन में चले गए और अपने निर्वासन के पहले बारह वर्षों तक वे वहीं रहे। कई ऋषि भी उनके साथ वहाँ रहे। प्रायः भगवान कृष्ण उनसे मिलने आते थे क्योंकि पांडव अपना राज्य वापस प्राप्त करने की योजना बना रहे थे।

उनके लिए सबसे कठिन समय वह था जब वनवास के बारह वर्ष पूरे हो गए। अब पांडवों को एक वर्ष के लिए छुपकर रहना था और यदि उनके इस अज्ञातवास में किसी ने उन्हें पहचान लिया, तो शर्त के अनुसार उन्हें दोबारा बारह वर्षों का वनवास भुगतना पड़ सकता था।

अर्जुन ने अपने भाइयों से कहा, “हमें राजपुरुषों के बजाय आम लोगों का भेष धारण करना होगा और योद्धाओं की तरह व्यवहार करना त्यागना होगा।” सहदेव ने सहमति जताते हुए कहा, “हाँ, हमें वन को छोड़कर किसी अन्य राज्य में जाकर काम करना होगा।”

वे सभी राजा विराट के महल में पहुँचे, जो मत्स्य राज्य के राजा थे। राजा विराट एक शक्तिशाली राजा थे और वे दुर्योधन से बिल्कुल भी नहीं डरते थे। युधिष्ठिर ने जाकर राजा के सामने सम्मान से अपना मस्तक झुकाया।

युधिष्ठिर ने कहा, "हे राजन, हम पाँचों ब्राह्मण कार्य ढूँढ़ रहे हैं। हम आपसे विनती करते हैं कि आप हमें महल में कार्य करने एवं सेवा करने का अवसर दें।" पांडवों ने ब्राह्मण वाले वस्त्र धारण किए थे इसलिए राजा विराट उन्हें पहचान नहीं पाए। उन्होंने पाँचों पांडवों से पूछा, "तुम सभी किस प्रकार का कार्य कर सकते हो?"

युधिष्ठिर ने कहा, "मैंने राजाओं के दरबार में एक विश्वासी दरबारी की तरह कार्य किया है और मुझे चौपड़ खेलना भी आता है।" उसके बाद उन्होंने द्रौपदी की ओर देखते हुए कहा, "मेरी पत्नी को महलों की रानियों के लिए कार्य करने का अनुभव है।"

भीम ने कहा, "मैं एक अच्छा रसोइया हूँ और आपके लिए स्वादिष्ट भोजन तैयार कर सकता हूँ।"

स्त्री के भेष में खड़े अर्जुन ने कहा, "मैं नर्तकी हूँ तथा मैं राजकुमारियों को नृत्य एवं संगीत की शिक्षा दे सकती हूँ।"

नकुल ने कहा, "मैं एक अच्छा घुड़सवार हूँ और मुझे अश्वों से प्रेम है तथा मैं रथ चलाना जानता हूँ।"

सहदेव ने कहा, "मैं पशुशाला में आपकी गायों की सेवा और देखभाल का कार्य कर सकता हूँ।"

युधिष्ठिर ने अपना नाम कंक बताया और राजा विराट के साथी बनकर उनके साथ चौपड़ खेलने लगे। चूँकि वे एक बुद्धिमान पुरुष थे, इसलिए दरबार के मामलों में भी राजा को सलाह देते थे।

द्रौपदी ने अपना नाम सैरंध्री रख लिया और रानी सुदेषणा की दासी बनकर उनके वस्त्रों एवं केश की साज-सज्जा का कार्य करने लगी।

भीम का नाम बल्लव था और उन्होंने महल की रसोई में भोजन पकाने का कार्य शुरू कर दिया और स्वादिष्ट खाना पकाने के कारण सभी उनकी प्रशंसा करने लगे।

अर्जुन ने स्त्री का वेश धारण किया हुआ था और उन्होंने अपना नाम बृहन्नला बताया। उन्होंने राजा विराट की पुत्री राजकुमारी उत्तरा को नृत्य का प्रशिक्षण देना आरम्भ कर दिया।

ग्रंथिक के रूप में नकुल ने अश्वशाला में विराट की सेना के अश्वों को खाना खिलाने और प्रशिक्षित करने का कार्य आरम्भ कर दिया।

सहदेव का नाम अब तंतिपाल था। वे गायों की देखभाल करने एवं दूध दुहने का कार्य करने लगे।